PUBLICATIONS DE LA RÉUNION DES OFFICIERS

MÉLANGES MILITAIRES
LXXVII. LXXVIII. LXXIX

MÉMOIRE

SUR

L'ORGANISATION DES BUREAUX DES ÉTATS-MAJORS

ET

DES SECRÉTAIRES DES ÉTATS-MAJORS

PAR

M. WARNET

LIEUTENANT-COLONEL D'ÉTAT-MAJOR

PARIS

CH. TANERA, ÉDITEUR

LIBRAIRIE POUR L'ART MILITAIRE ET LES SCIENCES

Rue de Savole, 6

1872

DE L'ORGANISATION

DES BUREAUX DES ÉTATS-MAJORS

ET

DES SECRÉTAIRES DES ÉTATS-MAJORS

PUBLICATIONS DE LA RÉUNION DES OFFICIERS

I. — **L'Armée anglaise en 1871, au point de vue de l'offensive et de la défensive.** Brochure in-12. . . . . 25 c.

II. — **Organisation de l'armée suédoise. — Projet de réforme.** Brochure in-12. . . . . 25 c.

III-IV. — **Mode d'attaque de l'infanterie prussienne dans la campagne de 1870-1871**, par le duc GUILLAUME DE WURTEMBERG, traduit de l'allemand par M. CONCHARD-VERNEIL, lieutenant au 13ᵉ régiment provisoire d'infanterie. Brochure in-12. . . . . . . 50 c.

V. — **De la Dynamite et de ses applications pendant le siége de Paris.** Brochure in-12. . . . . 25 c.

VI. — **Quelques idées sur le recrutement**, par G. B. Broch. in-12. 25 c.

VII. — **Etude sur les reconnaissances**, par le commandant PIERRON. Brochure in-12. . . . . 25 c.

VIII-IX-X. — **Etude théorique sur l'organisation d'un corps d'éclaireurs à cheval**, par H. DE LA F. Brochure in-12 . . . . 75 c.

XI-XII-XIII. — **Etude sur la défense de l'Allemagne occidentale, et en particulier de l'Alsace-Lorraine.** Traduit de l'allemand, Brochure in-12. . . . . 75 c.

XIV. — **L'armée danoise.** — Organisation. — Recrutement. — Effectif. Brochure in-12. . . . . 25 c.

XV-XVI-XVII. — **Les places fortes du N.-E. de la France, et essai de défense de la nouvelle frontière.** Brochure in-12. 75 c.

XVIII-XIX. — **Considérations théoriques et expérimentales au sujet de la détermination du calibre dans les armes portatives**, par J. L., capitaine d'artillerie. Brochure in-12 . . . . . 50 c.

XX. — **Des bibliothèques militaires**, de l'établissement d'un catalogue et de la tenue des principaux registres. Brochure in-12. 25 c.

XXI-XXII-XXIII-XXIV. — **L'artillerie au siége de Strasbourg en 1870.** Notes recueillies par un officier de l'artillerie suisse, traduit de l'allemand par P. LARZILLIÈRE, capitaine d'artillerie. Brochure in-12 avec plan . . . . 1 fr.

XXV-XXVI. — **L'artillerie de campagne des grandes puissances européennes et les canons rayés.** Traduit de l'allemand par M. MÉERT, capitaine d'artillerie. Brochure in-12. . . . . . . 50 c.

XXVII. — **Des canons et fusils à vapeur**, par J. L., capitaine d'artillerie. Brochure in-12. . . . . 25 c.

XXVIII-XXIX. — **La cavalerie de réserve sur le champ de bataille**, d'après l'italien, par FOUCRIÈRE, sous-lieutenant au 81ᵉ régiment. Brochure in-12. . . . . 50 c.

XXX. — **De la répartition de l'armée sur le territoire.** Brochure in-12 . . . . 25 c.

PUBLICATION DE LA RÉUNION DES OFFICIERS

MÉMOIRE

SUR

L'ORGANISATION DES BUREAUX DES ÉTATS-MAJORS

ET

DES SECRÉTAIRES DES ÉTATS-MAJORS

PAR

M. WARNET

LIEUTENANT-COLONEL D'ÉTAT-MAJOR

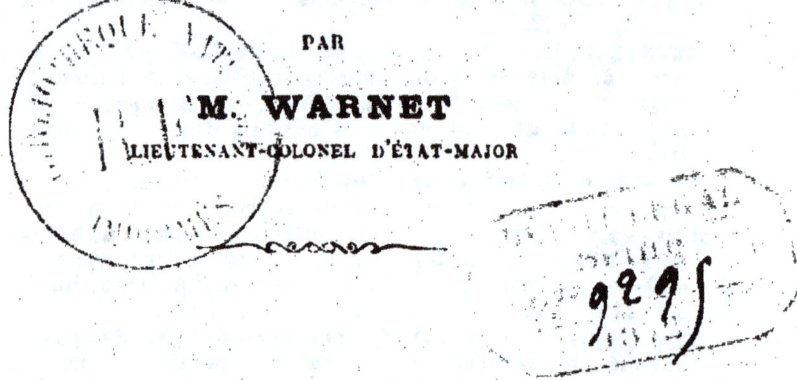

PARIS

CH. TANERA, ÉDITEUR

LIBRAIRIE POUR L'ART MILITAIRE ET LES SCIENCES

Rue de Savoie, 6

1872

PRÉFACE

Dans son numéro du 6 juillet dernier, le *Bulletin de la Réunion* posait la question suivante : « Quelle serait la meil- « leure organisation de sections d'employés pour les bureaux « d'état-major? Comment rattacher à cette section le per- « sonnel nombreux de secrétaires, conducteurs, ordon- « nances, etc., qui encombre les quartiers généraux lors « d'une mobilisation. »

Plusieurs officiers ont répondu à cet appel. Le *Bulletin* s'est réservé de donner un compte rendu analytique de tous. Mais il croit intéresser ses lecteurs en publiant *in extenso* le pro- jet que l'on va lire et qui, par le soin minutieux avec lequel a été étudiée l'organisation des bureaux d'état-major, mérite une attention particulière.

L'auteur, toutefois, s'est exclusivement préoccupé de la constitution des bureaux d'état-major, sans rattacher aux sec- tions de secrétaires dont il demande la création cette mul- titude d'isolés qui fourmillent inévitablement autour des quartiers généraux, sous les noms de plantons, escortes, con- ducteurs, cuisiniers, ordonnances et quelquefois même sel- liers et maréchaux ferrants.

Cette lacune, que nous croyons devoir signaler à l'auteur, est regrettable à un double point de vue. En premier lieu, il est absolument indispensable de régulariser le commandement et l'administration de tous ces isolés, qui souffrent trop souvent dans la satisfaction tardive, pénible ou incomplète de leurs besoins matériels (1) et qui, à leur tour, mettent la discipline en souffrance, faute d'une surveillance continue et d'un groupement hiérarchique régulièrement constitué.

En second lieu, l'auteur, naturellement amené à former autant de sections qu'il y aura de corps d'armée, se trouve obligé de limiter chacune de ses unités au chiffre bien restreint de cinquante hommes en temps de paix et de quatre-vingts en temps de guerre. C'est bien peu pour justifier l'existence d'un corps ayant sa vie propre au point de vue militaire et administratif. C'est sans doute pour ce motif que l'auteur donne à un simple adjudant principal, assimilé aux gardes d'artillerie, le commandement de cette petite troupe.

Nous ne pensons pas qu'il soit sage de persister dans cette voie anomale qui consiste à confier un commandement effectif d'hommes ayant qualité de militaires et armés à des agents non pourvus d'un grade effectif, mais jouissant seulement d'un grade *dissimulé*, selon l'expression pittoresque d'un écrivain militaire. De singulières anomalies ont bien souvent été constatées dans la situation qui, au point de vue des droits et des devoirs, est faite aux officiers d'administration qui commandent des sections d'ouvriers, et il vaudrait mieux faire disparaître ces anomalies que d'en consacrer de nouvelles.

(1) La mobilité et l'indépendance des quartiers généraux ne s'allient que très-mal avec la mise en subsistance de ces isolés dans un corps de troupe, le plus souvent éloigné de ces quartiers généraux. De plus, le nombre prodigieux de bons de subsistance qu'il faut faire pour alimenter des hommes appartenant à tant de corps divers est, en campagne, une difficulté réelle, dont la création de sections spéciales d'employés pourrait effectivement offrir la solution.   (*N. de la R.*)

D'ailleurs l'introduction dans lesdites sections de tous les isolés dont nous nous occupons augmenterait tellement l'importance du commandement des sections de secrétaires, qu'il y aurait nécessité évidente de leur constituer des cadres spéciaux d'officiers, ainsi qu'un petit personnel de dépôt. Alors le projet change de physionomie, et l'on entrevoit dans la création d'une adjudance spéciale d'état-major une solution toute différente de la question, quoique tendant au même but. Cette solution, tout comme la précédente, n'est sans doute pas exempte d'inconvénients ; mais cependant elle semblerait trancher plus nettement la distinction qu'il convient d'établir entre les officiers d'état-major et leurs bureaux, distinction qui est à peine accusée dans le projet de l'auteur, par l'ingénieuse combinaison des brevetés et des auxiliaires.

Enfin, pour bien mettre les lecteurs du *Bulletin* à même de peser les avantages ou les inconvénients d'une *section formée de secrétaires d'état-major*, il faut leur conseiller de se renseigner sur les résultats de l'expérience qu'en a faite l'intendance militaire par la création des commis aux écritures de ses bureaux, conformément au décret relativement récent du 1er décembre 1862.

Au début de la création, l'illusion a attiré dans ce corps beaucoup de jeunes gens instruits, engagés volontairement ; mais peu après, l'absence de débouchés arrêta subitement ce recrutement, auquel dès 1865 il fallait, paraît-il, pourvoir par l'appel du contingent. L'infériorité de ce recrutement ne peut évidemment pas contribuer à élever le niveau des officiers d'administration des bureaux, qui, pour la plus grande part doivent débuter dans la section des commis.

Du reste, cette section, dont le centre est établi à Vincennes, éparpille son personnel en plus de *deux cents* bureaux, condition aussi peu favorable à l'action disciplinaire qu'à l'administration. Les mutations inévitables de personnel résultant surtout des libérations, des changements de grade ou des maladies, produisent dans le service des interruptions fréquentes, que la complaisance des chefs de corps ou la tolérance des généraux rendent seules moins sensibles. En vérité, il n'en peut être autrement avec une pareille centralisation. On nous a affirmé en outre qu'aux armées, le service des bureaux de l'intendance a le plus souvent été fait par des auxiliaires tirés des corps de troupe, qu'on avait au moins l'avantage de conserver pendant toute la campagne. Dans la guerre franco-allemande, des gardes mobiles ou mobilisés ont été rapidement dressés et ont fourni un recrutement, temporaire il est vrai, mais bien supérieur au recrutement normal.

En présence de ce résultat, on se demande si l'existence des sections formées que réclame *l'auteur du mémoire* est réellement nécessaire dans l'avenir, et si les fonctions de secrétaires sont de telle importance qu'elles exigent impérieusement la spécialité, c'est-à-dire l'exclusion des corps ouverts.

Dans l'armée, du reste, on ignore généralement l'existence de la spécialité des commis dans les sections d'infirmiers et d'ouvriers. On a imaginé que dans chaque section, les commis doivent former une petite troupe à part, ayant son recrutement et son avancement distincts. Or, chaque section est censée pourvoir aux besoins en commis des établissements d'une région déterminée (hôpitaux, manutentions, etc.). Il n'y a plus là, comme pour les bureaux de l'intendance, une centralisation générale pour tout le territoire, et cependant les résultats sont, à ce que l'on affirme, tout aussi médiocres, et la situation, loin de devoir être maintenue, semble appeler une réforme bien étudiée.

Avant donc de copier l'organisation des secrétaires de l'administration, ne faudrait-il pas se bien rendre compte des résultats qu'elle a produits, afin tout au moins d'en éviter les inconvénients, si l'on tient à en recueillir les quelques avantages.

Quant à nous, bien convaincus que le service obligatoire est destiné dans peu d'années à changer la physionomie de l'armée, nous hésitons à penser qu'il soit désormais indispensable de *hiérarchiser* des corps spéciaux de secrétaires pour les diverses branches de l'armée; mais nous reconnaissons la nécessité absolue d'encadrer sous un commandement bien défini tous les isolés des quartiers généraux, et même ceux des services particuliers.

C'est sous le bénéfice de ces observations toutes personnelles que nous publions le mémoire suivant, trop bien étudié d'ailleurs, pour ne pas offrir au lecteur un intérêt réel.

La Rédaction du Bulletin de la Réunion.

Octobre 1872.

ORGANISATION

DES BUREAUX DES ÉTATS-MAJORS

ET

DES SECRÉTAIRES DES ÉTATS-MAJORS

Tout le monde est d'accord sur ce point que « les offi-
« ciers d'état-major instruits et préparés pour traiter les
« affaires importantes perdent la plus grande partie de leur
« temps dans les affaires secondaires de bureau. »

Il est donc indispensable de les débarrasser de ces détails,
qui n'exigent que de l'ordre, de l'assiduité et une connaissance des lois et règlements militaires facile à acquérir,
surtout quand on les aura simplifiés et coordonnés, comme
il en est question.

Les officiers d'état-major pourront alors se livrer à des
travaux et à des études plus en rapport avec les connais-
sances acquises et avec les sacrifices qu'a faits le gouverne-
ment pour leur instruction.

Ils pourront étudier avec fruit tout ce qui se rapporte à
l'organisation militaire des troupes françaises et étrangères;
étudier les diverses hypothèses d'une campagne, soit offensive, soit défensive, de manière qu'au moment où une guerre
viendra à éclater, on marche sûrement, dans une voie re-
connue et étudiée à l'avance, au lieu d'aller au hasard, sans
plan préconçu.

Pour soulager les officiers d'état-major de ces mille détails de bureau qui absorbent leur temps, au grand préjudice de l'étude intelligente et raisonnée des affaires militaires proprement dites, il y a lieu de créer à côté d'eux un personnel auxiliaire spécialement destiné à ce travail, et chargé de tout le détail de la correspondance qui n'a pas trait aux opérations militaires elles-mêmes.

Serait-ce une augmentation de dépenses? Non, car dans la situation actuelle il n'en est pas moins indispensable d'avoir des secrétaires pour les états-majors; seulement tout en souffre : les officiers d'état-major, qui ne trouvent que des sujets peu propres au service qu'on leur demande; les secrétaires eux-mêmes, qui sont mal vus des chefs de corps à qui on les enlève; les régiments, que l'on prive d'hommes qui seraient utilement employés dans les compagnies.

Tout le monde reconnaît la nécessité de créer un corps de secrétaires d'état-major, recruté tout spécialement en vue de ce service, et organisé d'une manière analogue à celui des commis aux écritures de l'intendance; mais dès qu'il s'agit de formuler d'une manière précise le nombre et la position de ces secrétaires, le mode de leur recrutement, l'embarras commence, ou bien on met en avant des chiffres quelconques, qui ne reposent sur aucune base.

Pour arriver à poser des chiffres rationnels, il est indispensable d'étudier l'organisation des divers états-majors, en temps de paix et en temps de guerre, c'est-à-dire la répartition en divers bureaux de toutes les affaires qui sont traitées dans les états-majors; il faut étudier aussi la mobilisation de ces mêmes bureaux, c'est-à-dire comment, lorsque la guerre est déclarée, l'état-major du corps d'armée, de la division ou de la brigade, se divise en une portion mobile qui part avec les troupes actives, et une portion sédentaire qui reste pour administrer le territoire; c'est cette dernière

qui préparera tous les renforts en personnel et en matériel
qui doivent alimenter la partie active, sans que la direction
des services mobilisés ou sédentaires en éprouve aucune interruption, aucun à-coup; tel est le but de cette étude.

PREMIÈRE PARTIE

ORGANISATION DES BUREAUX DES ÉTATS-MAJORS

Bases de l'organisation de l'armée. — Nous prendrons pour
base l'organisation en corps d'armée permanents, qui est
celle énoncée dans la dépêche ministérielle du 5 février 1872,
au sujet du projet de réorganisation du corps d'état-major.

Cette dépêche prévoit la formation de quatre armées, chacune ayant trois corps d'infanterie comprenant trois divisions
d'infanterie. Nous pouvons supposer également que chaque
corps aura trois régiments de cavalerie formant une brigade ;
chacun de ces régiments, formé à six escadrons, en laissera
un comme dépôt et mobilisera les cinq autres ; deux de ces
escadrons seront détachés auprès de chacune des trois divisions d'infanterie pour les escortes, les reconnaissances, etc.;
les neuf autres escadrons, réunis sous le commandement di-
rect du général de brigade, seront à la disposition immédiate
du général commandant le corps d'armée.

Nous aurons donc à examiner la composition et l'organisation des états-majors d'un corps d'armée composé de trois
divisions d'infanterie et d'une brigade de cavalerie. Tous les
corps étant supposés constitués de la même manière, il sera
facile d'en déduire le nombre total d'officiers d'état-major ou
auxiliaires et de secrétaires qu'il faudrait pour toutes les armées actives et territoriales appelées sous les armes.

Nous étudierons d'abord l'organisation de l'état-major
d'une division ; nous passerons de là à l'étude (de l'organi-

sation de l'état-major d'une brigade et de celui d'un corps d'armée.

L'état-major des divisions de cavalerie créées pour les armées peut être composé d'une manière analogue à celle des divisions d'infanterie, quoique moins fortement. En effet, par suite des besoins mêmes de leur recrutement en hommes et en chevaux, les divisions de cavalerie devront puiser sur des territoires étendus ; il n'y aurait donc aucune utilité à ce que le commandant d'une division de cavalerie active exerçât en même temps un commandement territorial restreint, qui ne pourrait lui fournir toutes les ressources nécessaires pour sa mobilisation. Ces divisions seront uniquement des divisions actives, et leurs états-majors devront être constitués d'une manière moins complète que ceux des divisions d'infanterie, qui embrassent à la fois des troupes actives et un commandement territorial

Quant à l'état-major d'une armée, nous n'en parlerons pas ; selon nous, il doit être composé comme celui d'un corps d'armée, les divers éléments appelés à le former ayant seulement des grades plus élevés que dans le corps d'armée.

En effet, le rôle de l'état-major général d'une armée n'est pas de s'occuper de détails ; la direction générale et supérieure de tous les services doit lui incomber ; il ne doit pas étudier les questions dans leurs détails, mais seulement trancher les questions douteuses étudiées déjà par les états-majors inférieurs, donner de haut des instructions générales, et exercer une surveillance supérieure sur l'ensemble de l'armée et des divers services.

D'ailleurs, comme il ne semble pas devoir être organisé d'armées et d'états-majors d'armée pendant la paix, il n'y a pas lieu de s'occuper de la mobilisation de ces états-majors ; on les formera de toutes pièces au moment du besoin, avec les officiers d'état-major ou auxiliaires et les secrétaires tenus en réserve et employés au ministère de la guerre, par exemple, aux travaux préparatoires des opérations de guerre.

Comment est comprise la composition du personnel de l'état-major. — Avant d'entrer dans le détail de la composition des états-majors, il est encore utile de bien fixer comment nous comprenons l'organisation du personnel qui doit remplir les fonctions d'état-major.

Sans préjuger la question de savoir si les fonctions d'état-major seront dévolues à un *corps spécial*, aidé par des auxiliaires, ou s'il formera un *corps ouvert* à tous ceux qui voudront subir des épreuves imposées, on peut admettre trois catégories d'officiers employés dans les états-majors :

1º Les officiers *d'état-major diplômés*, *officiers d'état-major proprement dits*, appelés à tous les emplois importants, ayant donné toutes les preuves de capacité nécessaires, et chargés des fonctions de chefs d'états-majors, adjoints, chefs des bureaux, des missions spéciales, etc.

2º Les *officiers brevetés*, aptes à être employés au service d'état-major actif; officiers ayant subi des épreuves particulières, ayant fait un stage dans les diverses armes et dans les états-majors divisionnaires, mais comptant dans des corps de troupes; ils en sont *détachés seulement* pendant la paix, mais *remplacés* à leurs corps pendant la guerre; ce sont eux qui fournissent les aides de camp de tous les généraux et les officiers d'état-major auxiliaires reconnus nécessaires pour assurer le service.

3º Enfin les officiers *auxiliaires sédentaires;* ils comprennent des officiers d'état-major diplômés ou brevetés qui sont en retraite ou que leur âge ou leur santé empêche de servir dans les divisions mobilisées; des officiers, anciens officiers de recrutement, des officiers comptables, aptes au service de bureau et très-susceptibles d'être employés, en temps de guerre, dans les états-majors territoriaux, où le service est très-allégé et simplifié par suite du départ des troupes actives.

Dans la suite de ce mémoire, nous désignerons les premiers sous le nom d'*officiers d'état-major*, les seconds sous la dénomination d'*auxiliaires brevetés*, enfin les troisièmes seront appelés *officiers sédentaires*. Il faut encore remarquer que nous ne nous occupons pas ici de l'organisation de l'état-major, mais seulement de l'organisation des bureaux d'état-major et du personnel qui leur est nécessaire, sans toucher à la question de savoir comment sera recruté ce personnel d'officiers; nous n'avons donc pas parlé des mutations des officiers d'état-major d'un état-major à l'autre ou d'un bureau à l'autre, dans le même état-major, non plus que des stages à demander aux officiers auxiliaires, brevetés ou non, du service actif ou du service sédentaire.

Ceci étant posé, nous allons indiquer comment nous entendons l'organisation des bureaux des divers états-majors et la répartition des officiers attachés à ces divers états-majors.

ÉTAT-MAJOR D'UNE DIVISION.

Organisation des bureaux de l'état-major d'une division. — Les commandants des divisions, de même d'ailleurs que ceux des corps d'armée, réunissent, en temps de paix, au commandement des troupes formant leur division active, le commandement territorial de la zone occupée par ces troupes.

Les généraux de brigade sous leurs ordres commanderont à la fois les troupes composant leur brigade active et les circonscriptions territoriales occupées par ces mêmes troupes.

Les circonscriptions des divisions et subdivisions territoriales actuelles devront être remaniées; mais en résumé le service ne sera modifié qu'en ce que chaque général réunira un commandement de troupes actives au commandement du territoire ; commandements qui étaient autrefois entièrement distincts.

Chaque commandement se compose ainsi de deux éléments : l'un essentiellement stable, immobile, sédentaire, qui comprend tout ce qui fait partie intégrante du territoire, tels que dépôts des corps, places fortes, établissements militaires de toute espèce, arsenaux, recrutement, etc., etc., l'autre qui comprend tout ce qui doit partir en temps de guerre, tout ce qui doit être prêt à être mobilisé.

En temps de paix ces deux parties reçoivent leur impulsion d'un chef unique ; mais il faut qu'au moment de la mobilisation, la séparation de tous les éléments mobiles d'avec les éléments sédentaires s'opère facilement, sans efforts, sans secousses ; pour cela, il faut que tout soit prévu à l'avance, dans toutes les parties qui composent le tout, que le personnel auxiliaire destiné à compléter les services mobilisés ou sédentaires soit désigné à l'avance, et que, par des épreuves et un stage préalables, il soit prêt à prendre, du jour au lendemain, la place qui lui est assignée.

Pour ce qui concerne spécialement les états-majors, officiers et secrétaires, la loi nouvelle sur le recrutement et l'adjonction à l'état-major d'officiers auxiliaires actifs ou sédentaires, qu'on ne prendra qu'au moment du besoin, en faciliteront singulièrement la mobilisation.

Répartition des affaires en trois bureaux. — Toutes les questions qui se traitent dans un état-major divisionnaire peuvent être réparties en trois bureaux, de la manière suivante :

PREMIER BUREAU.

Opérations militaires. — Situations sommaires disponibles et indisponibles.

Situations *sommaires* des réserves territoriales par classe et par arme.

Situations des officiers et assimilés des réserves.

Situation des chevaux de réserve et en dépôt par catégories.

Situation du matériel de guerre mobilisable.

États sommaires de mobilisation.

Mouvements de troupes, marches, manœuvres, camps.

Reconnaissances militaires, rapports.

Documents militaires de toute espèce sur la défense et les positions militaires du territoire, sur les ressources pour le cantonnement, la nourriture des troupes, etc., etc.

Situation sommaire du matériel des chemins de fer, etc.

Correspondance avec le génie, l'artillerie, l'administration et tous les services annexes, pour tout ce qui concerne la portion mobilisable de ces services (télégraphes, ambulances, parcs, réserves, etc., etc.).

DEUXIÈME BUREAU.

Correspondance générale. — Rapports journaliers.

Rapports avec les diverses autorités militaires pour les questions courantes.

Personnel.

Congés et permissions.

Discipline, conseils d'enquête et de discipline.

Prévôtés.

TROISIÈME BUREAU.

Service territorial. Justice militaire. — Situations *détaillées* indiquées au premier bureau.

Pièces mensuelles, trimestrielles, semestrielles, annuelles.

Secours, réformes, gratifications renouvelables.

Retraites.

Non-activité.

Justice militaire, établissements pénitenciers.

Etablissements militaires territoriaux.

Renseignements détaillés sur les ressources en tout genre pour le logement, l'entretien des troupes, leur cantonnement, les chemins de fer, leur matériel.

Congés de libération.

Rapports avec les autorités militaires pour tout ce qui concerne spécialement le territoire.

Recrutement, remonte.

États de mobilisation des hommes et des chevaux.

Rapports avec les autorités civiles, judiciaires, religieuses et la gendarmerie territoriale.

Archives.

Tels sont les trois bureaux entre lesquels doivent se répartir toutes les questions de service des états-majors en temps de paix ; le tout est sous la direction du chef d'état-major.

Cabinet. — Mais, outre ces trois bureaux de l'état-major de la division, il y aurait lieu d'en créer un autre, qui comprendrait les affaires *dites de cabinet*, telles que les questions réservées et celles des inspections générales ; l'aide de camp du général de division serait chargé de ce bureau, sous la direction du chef d'état-major.

Le général de division et le chef d'état-major doivent être en communauté d'idées complète sur toutes les questions ; de cette manière le chef d'état-major ne serait pas tenu à l'écart d'une foule de questions de personnel qu'il a besoin de connaître, dans l'intérêt même du service ; il doit être investi de la confiance complète de son chef, être son *alter ego* ; et l'on éviterait ainsi cet antagonisme, qui s'est manifesté quelquefois entre le chef d'état-major et son état-major d'un côté, le général de division et son aide de camp de l'autre : ce dernier, habitué à voir toutes les questions traitées d'un commun accord entre le général et son chef d'état-major, n'aura même plus la pensée d'engager une rivalité d'influence; d'ailleurs son service ne sera que temporaire et fixé par des règlements pour un laps de temps déterminé, si l'on adopte les conclusions de la commission de réorganisation d'état-major.

Le premier bureau est essentiellement de la compétence et des attributions des officiers d'état-major proprement dits : il doit donc être dirigé par un officier d'état-major, chef d'escadron ou capitaine ; à ce bureau on adjoindra un officier breveté du service actif, pour s'y former au service d'état-major et aider le chef de ce bureau, qui souvent ne pourrait suffire au travail qui lui incomberait.

Le deuxième bureau, chargé des affaires diverses comprises sous le titre de *Correspondance générale* et de discipline, sera également dirigé par un officier d'état-major.

Le troisième bureau a dans ses attributions les affaires territoriales, la mise à exécution de toutes les lois, règlements, etc., etc. Pour diriger ce bureau, il n'est pas besoin d'une grande initiative ni de qualités militaires ou d'une instruction supérieure : de l'esprit d'ordre, de l'assiduité, un jugement sain avec une activité suffisante, constituent les qualités nécessaires pour diriger convenablement ce bureau. Un officier d'état-major fatigué ou blessé, ou un auxiliaire désirant une situation sédentaire, ou même un officier nouvellement admis à la retraite, remplira parfaitement cet emploi, qui est à peu près celui des archivistes actuels.

Mobilisation. — Supposons maintenant que la guerre éclate : toute la portion mobile de la division et des services divisionnaires est mise en route et rejoint son corps d'armée au point de rassemblement indiqué.

L'état-major de la division devra se séparer, comme tous les services, en deux portions : l'une restera sur place pour imprimer la direction aux services territoriaux, et l'autre partira avec la portion mobilisée de la division.

1° *Partie mobilisée.* — La partie mobilisée comprendra :

Le chef d'état-major et le cabinet ;

Le 1er bureau avec son chef ;

Le 2e bureau avec un officier auxiliaire breveté, qui suffira amplement pour diriger un bureau aussi peu chargé. Ce personnel devra être augmenté de deux autres officiers auxiliaires brevetés, dont un servira de deuxième aide de camp au général de division ; le deuxième aidera au service des deux bureaux et aux détails multiples de surveillance qui incombent à l'état-major d'une division, tels qu'avant-postes, reconnaissances, réunion des renseignements, campements, marches des colonnes, cantonnements, détachements, distributions, ambulances, etc., etc.

2° *Partie sédentaire ou territoriale.* — La division territoriale a dû se reconstituer immédiatement, de façon à ce que le service ne souffre pas, et n'éprouve aucune interruption.

Des commandants de corps d'armée, de divisions et de subdivisions ont remplacé les généraux qui sont partis ; ils ont été pris parmi les officiers généraux du cadre de réserve ou les officiers supérieurs en retraite résidant sur les lieux, qui d'avance ont été désignés pour prendre ces commandements. De cette façon, ils sont déjà en partie au courant des principales attributions qui leur incombent, telles que réunion et instruction des réservistes, réunion du matériel de guerre de toute espèce ; mobilisation des détachements et des convois sur l'armée active, pour alimenter sans interruption la portion active.

Un chef d'escadron ou un capitaine d'état-major de première classe est désigné comme chef d'état-major : on prendra, à moins de nécessité particulière, l'officier d'état-major qui, en temps de paix, dirigeait le deuxième bureau ; il connaît déjà la division territoriale ; un officier auxiliaire sédentaire sera chargé du cabinet, sous sa direction, et servira d'aide de camp au nouveau général de division.

Le premier bureau, dont les attributions se réduisent aux ordres de mouvements et à la mise en route des renforts, sera dirigé par un officier auxiliaire sédentaire ayant servi dans un état-major.

Le deuxième bureau sera facilement reconstitué avec un officier auxiliaire sédentaire, désigné pour être employé dans les états-majors territoriaux en temps de guerre.

Le troisième bureau reste constitué tel qu'il est, avec son chef de bureau, auquel on donnera un adjoint, s'il en est besoin, ce qui est probable, car c'est à ce bureau que reviendra la plus grande partie du travail pour préparer et organiser les renforts en hommes et en matériel de toute espèce, à envoyer à la portion active de la division.

Résumons la composition de l'état-major d'une division :

1° *En temps de paix.*

Cabinet. — 1 colonel ou lieutenant-colonel d'état-major, chef d'état-major.

1 capitaine auxiliaire breveté, aide de camp du général de division.

Premier bureau. — 1 chef d'escadron ou capitaine d'état-major.

1 auxiliaire breveté.

Deuxième bureau. — 1 chef d'escadron ou capitaine d'état-major.

Troisième bureau. — 1 capitaine sédentaire.

2º *En temps de guerre.*

CABINET.

Portion mobilisée.	Portion sédentaire.
1 colonel ou lieutenant-colonel d'état-major, chef d'état-major.	1 chef d'escadron ou capitaine d'état-major, chef d'état-major.
2 capitaines auxiliaires brevetés, aides de camp du général de division.	1 capitaine sédentaire, aide de camp.

PREMIER BUREAU.

1 chef d'escadron ou capitaine d'état-major.	1 capitaine sédentaire.

DEUXIÈME BUREAU.

1 capitaine auxiliaire breveté.	1 capitaine sédentaire.

TROISIÈME BUREAU.

1 capitaine auxiliaire breveté.	1 capitaine sédentaire.
	1 capitaine sédentaire adj.

Ceci nous donne, pour l'état-major d'une division en temps de paix :

3 officiers d'état-major.

2 capitaines auxiliaires brevetés, faisant ou ayant fait leur stage.

1 capitaine sédentaire.

En temps de guerre, ce nombre devient, pour les deux portions, mobile et sédentaire, de la division :

3 officiers d'état-major.

4 officiers auxiliaires brevetés.

5 officiers sédentaires.

Tous les officiers auxiliaires brevetés ont déjà dû faire leur stage dans les états-majors et être au courant de leur service.

Les officiers sédentaires seront, autant que possible, choisis parmi ceux qui connaîtront déjà le service des états-majors; ce n'est qu'à défaut de ceux-ci qu'on prendra des officiers comptables n'ayant pas passé par les états-majors.

ÉTAT-MAJOR D'UNE BRIGADE.

L'état-major d'une division étant constitué, celui d'une brigade sera organisé d'une manière analogue.

En temps de paix il se composera de deux bureaux.

Le premier, qui comprendra tout ce qui a rapport aux troupes actives, au personnel, aux objets divers, à la correspondance générale, à la discipline, aux propositions, aux inspections, à l'instruction, aux situations sommaires, sera dirigé par un capitaine auxiliaire breveté, qui remplira les fonctions d'aide de camp près du général de brigade.

Le deuxième bureau sera dirigé par un capitaine sédentaire; il comprendra tout ce qui a rapport plus particulièrement avec le territoire : le recrutement et la mobilisation des hommes et des chevaux, les établissements militaires territoriaux, les dépôts, les situations détaillées et états périodiques, les secours, gratifications, retraites, etc.

En cas de guerre, le premier bureau part avec le général de brigade, et il est complété avec un capitaine auxiliaire breveté; le deuxième bureau reste, au contraire, et est complété au moyen d'un officier sédentaire, qui servira d'aide de camp au nouveau commandant de la subdivision territoriale.

ÉTAT-MAJOR D'UN CORPS D'ARMÉE.

L'état-major d'un corps d'armée en temps de paix et en

temps de guerre sera constitué d'après les mêmes principes.

La division du travail se fera d'une manière analogue ; seulement il est nécessaire d'organiser, pour la partie mobilisée du corps d'armée, un bureau de la justice militaire et un bureau spécial pour les renseignements, les espions, les prisonniers, etc., etc., etc.

Il y a en effet avantage à débarrasser les divisions en campagne de tout ce qui a rapport à la justice proprement dite, conseils de guerre et de révision ; et quant aux renseignements fournis par les reconnaissances, les espions ou les prisonniers, pour en retirer tout le profit qu'on peut en attendre, il est indispensable de les centraliser, de les coordonner, de les contrôler les uns par les autres ; c'est au corps d'armée seulement que ce travail peut se faire avec fruit.

D'après cela, l'état-major d'un corps d'armée sera composé ainsi qu'il suit :

1° En temps de paix.

Cabinet. — 1 général de brigade, chef d'état-major général.

1 colonel ou lieutenant-colonel d'état-major, sous-chef.

1 chef d'escadron ou capitaine d'état-major, aide de camp.

1 capitaine auxiliaire breveté,   id.

Premier bureau. Opérations militaires. — 1 chef d'escadron et 1 capitaine d'état-major, avec 1 capitaine sédentaire.

Deuxième bureau. Correspondance générale. — 1 chef d'escadron ou un capitaine d'état-major et un auxiliaire sédentaire.

Troisième bureau. Service territorial ; justice militaire. — 1 chef de bataillon ou capitaine sédentaire.

1 capitaine auxiliaire breveté adjoint.

2° *En temps de guerre.*

CABINET

Portion mobilisée.	Portion sédentaire.
1 général, chef d'état-major général.	1 colonel ou lieutenant-colonel d'état-major, chef (2).
1 colonel ou lieutenant-colonel d'état-major, sous-chef (1).	1 chef d'escadron sédentaire, sous-chef.
1 chef d'escadron ou capitaine d'état-major, aide de camp.	2 capitaines sédentaires, aides de camp.
1 capitaine auxiliaire breveté, aide de camp.	

PREMIER BUREAU. — *Opérations militaires.*

2 chefs d'escadron ou capitaines d'état-major.	1 capitaine sédentaire.
1 capitaine auxiliaire breveté.	

DEUXIÈME BUREAU. — *Correspondance générale.*

2 capitaines auxiliaires brevetés.	1 capitaine sédentaire.

TROISIÈME BUREAU. — *Justice militaire.*

1 capitaine auxiliaire breveté, chargé de la justice.	1 chef de bataillon ou capitaine sédentaire. 1 capitaine sédentaire adjoint.

QUATRIÈME BUREAU. — *Renseignements; topographie.*

1 capitaine d'état-major, chargé de la topographie des reconnaissances, des renseignements, etc., etc.	
2 capitaines auxiliaires brevetés.	

(1) Venu des officiers du Dépôt de la guerre.
(2) L'ancien sous-chef du corps d'armée.   (*É.-M. G. du Min.*)

L'état-major d'un corps d'armée exigera donc :

1° *En temps de paix.*

1 général de brigade d'état-major.
1 colonel ou lieutenant-colonel d'état-major.
4 chefs d'escadron ou capitaines   id.
2 capitaines auxiliaires brevetés.
3 capitaines auxiliaires sédentaires.

Total : 5 officiers d'état-major.
        2 officiers auxiliaires brevetés.
        3 officiers sédentaires.

2° *En temps de guerre.*

Il faudra également 5 officiers d'état-major pour la portion active et 1 seul pour la portion sédentaire. — Total : 6.

7 capitaines auxiliaires brevetés pour la portion active.

7 chefs d'escadron ou capitaines sédentaires pour la portion territoriale.

Total. — Examinons maintenant le nombre total des officiers d'état-major, ou d'auxiliaires brevetés ou sédentaires, nécessaire pour l'armée supposée tout entière mobilisée.

D'après les données admises, savoir : douze corps d'armée à trois divisions d'infanterie et à une brigade de cavalerie, il y aura à pourvoir aux états-majors de :

12 corps d'armée.
36 divisions d'infanterie,
72 brigades d'infanterie et
12 brigades de cavalerie.

Pour un corps d'armée, il faudra :

1º *Sur le pied de paix.*

	COLONELS OU LIEUTENANTS-COLONELS.		CHEFS D'ESCADRON OU CAPITAINES.		
	d'état-major.	auxiliaires brevetés.	d'état-major.	auxiliaires brevetés.	séden-taires.
État-major du corps d'armée	1	»	4	2	3
États-majors de 3 divisions d'infanterie. .	3	»	6	6	3
États-majors de 6 brigades d'infanterie et subdivisions	»	»	»	6	6
État-major d'une brigade active de cavalerie	»	»	»	2	»
Totaux. . . .	4	»	10	16	12

2º *Sur le pied de guerre.*
PARTIE MOBILISÉE.

	COLONELS OU LIEUTENANTS-COLONELS. .		CHEFS D'ESCADRON OU CAPITAINES.		
	d'état-major.	auxiliaires brevetés.	d'état-major.	auxiliaires brevetés.	séden-taires.
État-major du corps d'armée	1	»	4	7	»
3 divisions d'infanterie	3	»	3	12	»
6 brigades actives d'infanterie.	»	»	»	12	»
1 brigade active de cavalerie.	»	»	»	2	»
Totaux. . . .	4	»	7	33	»

PARTIE SÉDENTAIRE.

	COLONELS OU LIEUTENANTS-COLONELS.		CHEFS D'ESCADRON OU CAPITAINES.		
	d'état-major.	auxiliaires séden-taires.	d'état-major.	auxiliaires brevetés.	séden-taires.
État-major du corps d'armée............	1	»	»	»	7
3 divisions territoriales.............	»	»	3	»	15
6 subdivisions.....	»	»	»	»	12
Totaux....	1	»	3	»	34

Pour les douze corps d'armée il faudra donc :

	PIED DE PAIX.	PIED DE GUERRE.	
		Partie mobilisée.	Partie sédentaire.
Colonels ou lieut.-colonels d'état-major	48 } 168	48 } 132	12 } 48
Chefs d'escadron ou capitaines d'état-major. ..	120	81	36
Chefs de bat. ou capitaines auxiliaires brevetés ..	192	396	»
Chefs de bat. ou capitaines sédentaires	144	»	408
Totaux	501	528	456

984

Admettons encore quatre divisions de cavalerie servant de réserve à chacune des quatre armées.

Ces quatre divisions, qui n'auront pas de division territoriale à administrer, demanderont, pour elles et leurs deux brigades, des états-majors composés de :

Chefs d'escadron ou capitaines d'état-major. . . . . 2 (1 chef d'état-major et 1 adjoint.) Capitaines auxiliaires brevetés. . . 7 (2 aides de camp du général de division, 4 aides de camp des généraux de brigade, 1 adjoint à l'état-major.) Totaux pour les quatre divisions 8 28

ce qui exigera en temps de paix un total de :

48 colonels ou lieutenants-colonels d'état-major,
128 chefs d'escadron ou capitaines d'état-major ;

et en temps de guerre :

60 colonels ou lieutenants-colonels d'état-major,
128 chefs d'escadron ou capitaines.

La commission ayant admis les chiffres suivants :

80 colonels ou lieutenants-colonels.

300 chefs d'escadron ou capitaines, comme nécessaires pour répondre à toutes les exigences du service, on voit qu'il reste encore par ce projet

20 colonels ou lieutenants-colonels et 172 chefs d'escadron ou capitaines disponibles pour former les états-majors généraux des quatre armées, et avoir encore une réserve d'officiers pour certains services ou missions extraordinai-

res; les divisions territoriales ayant toutes leurs états-majors au complet.

Mais ce résultat ne peut s'obtenir qu'en étendant largement le recrutement des officiers auxiliaires brevetés d'état-major, qui, en temps de paix seraient au nombre de 200 environ, tandis qu'en temps de guerre ce nombre devrait s'élever à plus de 500.

A ces deux premières catégories d'officiers il faudrait encore ajouter les officiers sédentaires, dont le nombre varierait de 150 en temps de paix à 500 environ en temps de guerre. Mais il faut remarquer que dans ces totaux sont compris 1° tous les officiers employés comme aides de camp ou officiers d'ordonnance, 2° les archivistes des divisions,

Il est évident que si, à un moment donné, on devait former des divisions avec l'armée territoriale elle-même, il y aurait lieu de pourvoir à la formation de leurs états-majors. Ces divisions n'étant pas appelées sans doute à manœuvrer, mais seulement à occuper des positions en arrière de l'armée active, leurs états-majors n'auront pas besoin d'être constitués aussi fortement que ceux des divisions actives, et on trouverait dans les états-majors territoriaux les éléments nécessaires pour former, avec quelques auxiliaires, des états-majors très-suffisants pour ces divisions mobilisées de l'armée territoriale.

DEUXIÈME PARTIE

ORGANISATION DES SECRÉTAIRES D'ÉTAT-MAJOR

Les états-majors de brigade, de division et de corps d'armée étant constitués ainsi que nous venons de l'indiquer, il reste à les compléter au moyen de secrétaires d'état-major, instruits spécialement en vue du travail qu'ils auront à remplir. Ces secrétaires spéciaux, bien au courant de leur service, soulageront les officiers d'état-major du travail fastidieux de détail, auquel ils ne pouvaient se soustraire avec les secrétaires de hasard que les généraux et les chefs d'état-major étaient obligés de demander dans les corps.

Nous allons examiner le nombre de secrétaires qui semble nécessaire pour assurer le service des bureaux des divers états-majors; nous suivrons, à cet effet, la marche adoptée dans l'étude de l'organisation du service d'état-major, c'est-à-dire que nous indiquerons d'abord le nombre des secrétaires nécessaires à un état-major divisionnaire en temps de paix; puis les moyens de passer du pied de paix au pied de guerre sans désorganiser le secrétariat de la division territoriale; on déterminera ensuite le nombre de secrétaires qu'il semble utile d'attacher aux bureaux des états-majors de brigade et de corps d'armée.

Secrétariat de l'état-major d'une division.

Les chiffres adoptés par la commission de réorganisation du corps d'état-major, savoir :

1 adjudant, chef de bureau.

1 sergent,
1 caporal, } secrétaires,

semblent très-suffisants pour le pied de paix.

Cependant il y a lieu d'augmenter ce nombre d'un caporal, secrétaire du général de division, et d'au moins un *élève secrétaire*, apprenant son service et chargé de faire fonctionner, sous la direction du sergent, la presse autographique qu'il semble indispensable d'avoir dans chaque division.

L'état-major de la division aurait ainsi : sur le pied de paix :

1 adjudant, chef de bureau.

1 sergent, 1er secrétaire.

1 caporal, 2e secrétaire.
1 caporal, secrétaire du général de division.
1 élève secrétaire.

En cas de guerre, le secrétariat de la division se divise en deux portions : l'une mobile, qui part avec la portion mobile de l'état-major divisionnaire, l'autre sédentaire, qui reste à l'état-major territorial, et composées ainsi qu'il suit :

1° *Partie mobilisée.*

1 sergent, 1er secrétaire et chef de bureau.
1 caporal, 2e secrétaire.
1 caporal, secrétaire du général de division.
1 auxiliaire de la réserve active.

2° *Partie sédentaire.*

1 adjudant, chef de bureau.
1 caporal, 1er secrétaire.
2 auxiliaires de la réserve, dont 1 secrétaire du général de division.

Cette répartition est basée sur les considérations suivantes :

L'état-major mobilisé de la division a besoin d'emmener avec lui des secrétaires tout formés, bien au courant de leur service ; on le complète avec un auxiliaire, venu de la réserve de l'armée active, qui aidera à copier les lettres, les ordres, etc., etc., et manœuvrera la presse autographique, s'il y a lieu.

La partie sédentaire a à sa disposition tous les documents qui peuvent aider à son travail ; elle peut donc se passer de secrétaires complétement au courant de leur service ; d'ailleurs le travail n'y est pas aussi urgent qu'à la portion active. L'adjudant chef de bureau qui reste pourra former rapidement des secrétaires avec les hommes de la réserve ayant déjà travaillé dans les bureaux d'état-major, comme élèves ou comme secrétaires, ou bien avec des hommes employés dans des administrations et habitués au travail de bureau. Cependant, pour ne pas le laisser dans l'embarras, il recevra du corps d'armée un élève secrétaire ayant fini son stage et passé ses examens, et qui, au moment de la mobilisation, sera nommé caporal.

Secrétariat d'une brigade d'infanterie et subdivision.

Le secrétariat de la brigade sera composé d'une manière analogue ; il comprendra :

1° *Sur le pied de paix.*

1 sergent, chef de bureau.
1 caporal, secrétaire.
1 élève secrétaire.

2° *Sur le pied de guerre.*

Partie mobile.	Partie sédentaire.
1 sergent.	1 caporal.
1 élève secrétaire.	2 auxiliaires de la réserve.
1 auxiliaire de la réserve active.	

Le sergent marche avec la brigade mobilisée ainsi que l'élève militaire. Le caporal reste à la subdivision pour assurer le service.

ÉTAT-MAJOR D'UN CORPS D'ARMÉE
Secrétariat de l'état-major d'un corps d'armée.

En suivant les mêmes principes, le secrétariat de l'état-major du corps d'armée sera formé de la manière suivante :

1° *Sur le pied de paix.*

1 adjudant principal, chef de bureau.

3 sergents, secrétaires, dont 1 pour le général en chef.

5 caporaux, secrétaires, dont 1 pour le général en chef.

6 élèves secrétaires, dont 3 seront nommés caporaux au moment de la mobilisation, pour être placés dans les états-majors des divisions territoriales.

2° *Sur le pied de guerre.*

Portion mobile.	Portion sédentaire.
1 adjudant, chef de bureau.	1 adjudant principal.
2 sergents, dont 1 secrétaire du général en chef.	1 sergent.
3 caporaux, dont 1 secrétaire du général en chef.	2 caporaux, dont 1 secrétaire du général commandant le corps d'armée.
3 auxiliaires de la réserve.	4 auxiliaires de la réserve ou élèves secrétaires.

L'effectif total des secrétaires des états-majors d'un corps d'armée, composé ainsi que nous l'avons dit de trois division d'infanterie et d'une brigade active de cavalerie, comprendra :

1° *Sur le pied de paix.*

	Adjudant principal.	Adjudant.	Sergents.	Caporaux.	Élèves.
État-major du quartier gén. du corps d'armée.	1	»	3	5	6
3 divisions d'infanterie.	»	3	3	6	3
7 brigades.	»	»	7	6	7
Totaux . . .	1	3	13	17	16
Effectif	4			46	
			50		

2° *Sur le pied de guerre.*

	PORTION MOBILE.					PORTION SÉDENTAIRE.				
	Adjudant principal.	Adjudant.	Sergent.	Caporal.	Élèves ou auxiliaires.	Adjudant principal.	Adjudant.	Sergent.	Caporal.	Élèves ou auxiliaires.
Corps d'armée . . .	»	1	2	3	3*	1	»	1	2	4*
3 divisions	»	»	3	6	3	»	3	»	3	6
6 brigades d'inf. . .	»	»	6	»	12	»	»	»	6	12
1 brigade de caval.	»	»	1	»	2	»	»	»	»	»
Totaux . . .	»	1	12	9	20	1	3	1	11	22
Effectif . . .	»	1	41			4	34			

* REMARQUE. Tous les auxiliaires attachés aux portions mobilisées

des états-majors sont pris parmi les hommes de la réserve de l'armée active; ceux qui sont attachés aux états-majors territoriaux sont choisis dans la réserve de l'armée active, si l'armée territoriale n'est pas appelée sous les armes, autrement ils sont pris dans l'armée territoriale.

1 ajudant principal; 4 adjudants; 75 hommes, sous-officiers, caporaux et élèves ou auxiliaires *.

Nous ne parlerons pas non plus, à propos des secrétaires, des états-majors d'armée : il y aurait lieu de les constituer au moment du besoin; on le ferait facilement en prenant dans les corps d'armée des sergents et des caporaux, qu'on remplacerait par des caporaux et des élèves proposés pour l'avancement ou par des auxiliaires.

Le dépôt de la guerre pourra également recevoir quelques secrétaires, qui, au moment de la guerre, seront placés dans les états-majors, suivant les besoins. Peut-être y aurait-il lieu de remplacer une partie des expéditionnaires et des commis inférieurs du ministère par des secrétaires ayant toutes les qualités nécessaires pour ces emplois; ce serait un débouché pour les sergents secrétaires, et une école pour les élèves.

RECRUTEMENT, AVANCEMENT, ORGANISATION DES SECRÉTAIRES D'ÉTAT-MAJOR

Nous venons d'indiquer les effectifs que nous considérons comme nécessaires pour les secrétaires des divers états-majors d'un corps d'armée.

Il faut examiner comment ces secrétaires seront recrutés et administrés.

Recrutement.

Il est d'abord évident que ces employés n'auront jamais à combattre : il y aura donc tout avantage, pour ne pas affaiblir l'effectif des combattants réels, à prendre, au moins pour la plus grande partie, les secrétaires parmi les jeunes soldats que le défaut de taille ou leur constitution aura fait classer dans les services auxiliaires.

Le service du secrétariat demandant un apprentissage assez long, il y aura lieu de ne choisir les élèves que parmi les jeunes gens que leur numéro de tirage au sort a placés dans la première partie des listes du contingent cantonal, et qui, par conséquent, doivent passer cinq années sous les drapeaux.

Les jeunes gens désignés pour les bureaux du secrétariat devront cependant être aptes à faire campagne dans les conditions infiniment plus douces et moins fatigantes où ils seront placés.

Il est évidemment inutile de leur imposer une instruction militaire qu'ils n'auront jamais à appliquer ; ils pourront donc être admis immédiatement comme élèves secrétaires, sur leur demande, s'ils remplissent d'ailleurs les conditions d'aptitude prescrites par un règlement ministériel.

Ces conditions peuvent-être résumées ainsi :

Avoir une belle écriture courante et rapide ; savoir l'orthographe, un peu d'histoire et de géographie ; connaître les quatre règles d'arithmétique et l'usage des proportions ; avoir une certaine éducation, de bons certificats de moralité. Des diplômes de bachelier, la connaissance du dessin et d'une langue étrangère, seront des conditions dont il sera tenu compte. On ne recrutera cependant pas les secrétaires uniquement avec des bacheliers, parce que ceux-ci ne se rengageront sans doute pas, et qu'on ne trouverait pas avec eux les éléments pour former des adjudants.

Les jeunes gens qui ont satisfait à ces examens sont classés par ordre de mérite et nommés *élèves secrétaires* dans la limite des besoins. Pendant un an ils travaillent dans un état-major divisionnaire ou de corps d'armée, sous la direction immédiate de l'adjudant, chef du secrétariat, qui leur apprend le mécanisme de l'enregistrement des dépêches, la tenue des registres, l'établissement des situations, etc.

Il doit leur enseigner les principes généraux du recrutement, de la hiérarchie militaire, de l'organisation et de l'administration militaires des troupes actives et des divisions territoriales, et de la justice militaire ; il leur apprend à rédiger une note, une lettre de transmission, de demande de renseignements ou de renvoi à l'examen ; il leur donne des principes de géographie militaire ; il leur enseigne enfin tout ce qu'ils ont besoin de savoir pour remplir utilement leurs fonctions.

Avancement.

A la fin de chaque année les élèves qui sont reconnus aptes à devenir secrétaires sont admis à passer, à l'état-major du corps d'armée, un examen sur les diverses matières ci-dessus indiquées.

Ceux qui ne satisfont pas à ces examens sont maintenus élèves ; les autres sont classés par ordre de mérite, et appelés, à mesure des besoins, au grade de caporal secrétaire. En attendant leur nomination, ils retournent à l'état-major où ils étaient primitivement, et y sont employés à tout travail de secrétaire.

Après un an de grade de caporal ils peuvent être proposés pour sergents ; ils sont classés par numéros de mérite, après avoir subi un nouvel examen au corps d'armée.

Ceux qui ne veulent pas se rengager sont renvoyés dans leurs foyers avec la classe dont ils font partie ; mais ils n'ont pas droit à être envoyés en disponibilité. Ils sont classés dans la réserve et rappelés, en cas de mobilisation, dans les bureaux des états-majors mobilisés ou sédentaires, suivant les besoins.

Ceux qui veulent se rengager comme caporaux ou comme sergents le font dans les mêmes conditions que les caporaux et les sous-officiers des corps de troupes : au moment où ils sont libérés définitivement du service, ils ont droit, comme les autres, à des emplois en rapport avec leur aptitude.

Les adjudants et adjudants principaux sont assimilés aux gardes du génie et de l'artillerie, et peuvent atteindre leur retraite dans ces positions.

Discipline.

Les secrétaires sont sous l'autorité immédiate du chef d'état-major : c'est lui qui donne directement les ordres et instructions pour le travail, et qui fait les propositions pour les récompenses.

Le chef des secrétaires répartit le travail entre les divers secrétaires, et veille à ce qu'il soit fait en temps utile ; il est responsable du travail et de la discipline.

Les secrétaires sont punis de la consigne, de la salle de police, de la prison, ou de la rétrogradation comme simples élèves.

Organisation.

Les secrétaires forment une section par corps d'armée, sous le commandement de l'adjudant principal chargé de toute l'administration et des contrôles.

Cette section se divise en quatre sous-sections pour les trois divisions d'infanterie et le quartier général du corps d'armée ; chaque sous-section est administrée comme détachement de la portion principale, qui centralise toute l'administration.

C'est également l'adjudant principal qui est chargé d'assurer le recrutement, en personnel, des divers grades du secrétariat de tous les états-majors du corps d'armée, en temps de paix et en temps de guerre, aussi bien pour la partie mobilisée que pour la portion sédentaire ; c'est lui qui centralise les propositions pour l'avancement.

Habillement.

Nous avons appelé les différents secrétaires *sergents et caporaux* : il semble qu'il serait préférable de ne pas leur donner d'assimilation, et la hiérarchie comprendrait :

Des élèves.
Des secrétaires de 2ᵉ classe.
Des secrétaires de 1ʳᵉ classe.
Des adjudants de 1ʳᵉ et de 2ᵉ classe.
Des adjudants principaux.

Ces secrétaires étant en rapport constant avec des officiers et le public, il semble convenable d'habiller, même ceux du grade inférieur, avec du drap de sous-officier. Les marques distinctives pour les divers degrés de la hiérarchie pourraient être : *une étoile*, découpée en drap, sur le collet d'habit, pour les élèves ; — une étoile brodée en or pour les deuxièmes secrétaires ; — deux étoiles brodées en or pour les premiers secrétaires ; — enfin, pour les adjudants, des broderies au collet analogues à celles des greffiers des conseils de guerre.

Solde.

En temps de paix, ces hommes, ne pouvant vivre à l'ordinaire, et obligés à prendre leurs repas dans les cantines, recevraient une solde spéciale, à déterminer.

En campagne, ils vivraient ensemble, formant un ordinaire ; un soldat, spécialement désigné *ad hoc*, serait chargé de l'entretien de leurs effets et de leur cuisine.

TROISIÈME PARTIE

DES ÉCRITURES

Pour terminer cette étude de l'organisation des bureaux des états-majors, il reste encore une question à traiter, c'est celle de la simplification des écritures et des enregistrements.

Supposons dans chaque état-major les affaires réparties de la même manière entre trois bureaux semblables ; c'est déjà une simplification, puisque toute affaire traitée dans le bureau d'une division va de suite au même bureau de l'autre division.

Dans chaque bureau un certain nombre de questions se représentent constamment et dans les mêmes termes ; on peut donc pour chacune d'elles adopter une formule générale, sur laquelle il ne reste à ajouter que des noms, des nombres et des dates. Si, de plus, on admet que chaque état-major possède une presse autographique permettant de tirer en quelques instants un nombre suffisant d'exemplaires de chaque formule, on voit qu'il est facile d'abréger singulièrement les écritures.

Chaque bureau devrait avoir un cahier de formules, de modèles de lettres, ayant un numéro d'ordre ; cahier envoyé à tous les états-majors par le ministère, avec des modèles d'états à fournir dans toutes les circonstances. Il ne resterait plus, pour une grande partie de la correspondance, qu'à copier et à compléter les modèles, comme on fait pour les formules relatives à la justice militaire.

Enregistrement.

Quant à l'enregistrement des dépêches, il serait également très-simplifié : il ne consisterait plus qu'à mettre la date de

la lettre, son numéro d'ordre, le numéro de la formule, et
les noms des militaires qu'elle concerne ou des effectifs qui
en sont l'objet.

Exemples :

1° Pour annoncer à une brigade que M. X... est nommé
chevalier de la Légion d'honneur, et que le général de brigade est délégué pour le recevoir, on prendra le modèle
adopté, et l'on inscrira :

1re subdivision.

25 juillet 1872. — N° 253.

Formule n° 17, concernant M. Z...

2° Pour prévenir qu'un détachement du 5e hussards doit
aller chercher des chevaux de remonte au dépôt de N...; que
les cavaliers emporteront tels et tels effets, on prendra les deux
modèles qui transmettent ces prescriptions à la brigade et à
l'intendant, et l'on inscrira pour l'enregistrement :

24 juillet { 1re subdivision, n° 825. — Formule n° 7.

1872   { Intendant, n° 211. — Formule n° 8.

concernant un détachement du 5e hussards allant chercher
M...   chevaux à N...

Il semble inutile de vouloir démontrer l'utilité d'un tel système en temps de paix, et surtout en campagne.

Mais ce n'est pas en un jour qu'un pareil travail peut être
mené à bonne fin, ni par des efforts individuels, il faut que
dans tous les états-majors on étudie ce système, et après
deux années de travail, alors que toutes les questions qui se
peuvent présenter auront été traitées, on pourra appliquer
ce mode de correspondance et d'enregistrement.

Il est bien évident que pour toutes les affaires qui ont un
caractère spécial et incident, le mode de correspondance et
d'enregistrement en usage doit continuer à être suivi.

A la 11e division militaire on a essayé le système indiqué plus haut.

Une presse autographique *Berringer* a été acquise, et l'on a imprimé un certain nombre de formules et de modèles numérotés; chaque officier a sur son bureau la liste des modèles imprimés, et chaque fois que le cas se présente, il emploie la formule qui lui est nécessaire. Les officiers attachés à l'état-major apprécient beaucoup ce système.

Au moyen de la presse, les ordres, notes, circulaires, sont reproduits en nombre suffisant pour tout le monde; dès que le nombre des exemplaires à fournir dépasse huit, il y a avantage à se servir de la presse.

CH. TANERA, ÉDITEUR

LIBRAIRIE POUR L'ART MILITAIRE ET LES SCIENCES

RUE DE SAVOIE, 6, A PARIS

EXTRAIT DU CATALOGUE

ARTILLERIE (L') de campagne française; étude comparative du canon rayé français et des canons étrangers. Br. in-8º.   1 fr. 50

BORMANN. — Nouvel obus pour bouches à feu rayées. Br. in-8º avec planche. . . . . 2 fr.

CHARRIN. — Le revolver, ses défauts et les améliorations qu'il devrait subir au point de vue de l'attaque et de la défense individuelles. Br. in-8º . . . . 1 fr.

CHARRIN. — De l'emploi d'un abri improvisé, expéditif et efficace pour protéger le fantassin contre les balles de l'ennemi. Le hâvre-sac pare-balles. Br. in-8º avec figures. . . 1 fr. 25

COYNART (DE). — Précis de la guerre des États-Unis d'Amérique. 1 vol. in-8º . . . . 5 fr.

COSTA DE SERDA. — Les chemins de fer au point de vue militaire. Extrait des instructions officielles et traduit de l'allemand. 1 vol. in-8º . . . . 3 fr.

FIX. — La télégraphie militaire; résumé des conférences faites à l'École d'application du corps d'état-major. Br. grand in-8º avec planche. . . . . 2 fr. 50

FRITSCH-LANG. — L'artillerie rayée prussienne à l'attaque de Düppel, d'après les auteurs allemands. Br. in-8º avec carte. 2 fr. 50

GRATRY. — Essai sur les ponts mobiles militaires. 1 vol. grand in-8º avec planches. . . . . 8 fr.

GRATRY. — Description des appareils de maçonnerie les plus remarquables employés dans les constructions en briques. 1 vol. grand in-8º avec de nombreuses gravures sur bois . . 6 fr.

HENRY. — Essai sur la tactique élémentaire de l'infanterie, mise en rapport avec le perfectionnement des armes. Br. in-8º avec figures . . . . 2 fr.

LE BOULENGÉ. — Études de balistique expérimentale. Détermination au moyen de la clepsydre électrique de la durée des trajectoires; expériences exécutées avec cet instrument; lois de la résistance de l'air sur les projectiles des canons rayés déduites des résultats obtenus. Br. in-8º avec planches. . . . . 4 fr.

LECOMTE. — Études d'histoire militaire, antiquité et moyen âge. 1 vol. in-8° . . . . **5 fr.**

LECOMTE. — Études d'histoire militaire, temps modernes jusqu'à la fin du règne de Louis XIV. 1 vol. in-8°. . . . . . . **5 fr.**

LECOMTE. — Guerre de la Prusse et de l'Italie contre l'Autriche et la Confédération germanique en 1866; relation historique et critique. 2 vol. grand in-8° avec cartes et plans. . **20 fr.**

LECOMTE. — Guerre de la sécession ; Esquisse des événements militaires et politiques des États-Unis, de 1861 à 1865. 3 vol. grand in-8° avec cartes. . . . . **15 fr.**

LECOMTE. — Le général Jomini, sa vie et ses écrits. Esquisse biographique et stratégique. 1 vol. in-8° avec carte, **7 fr. 50**

LIBIOULLE. — Le revolver Galand, nouveau système à percussion centrale et extracteur automatique. Br. in-8° avec fig. **4 fr.**

LULLIER. — La vérité sur la campagne de Bohême en 1866, ou les quatre grandes fautes militaires des Prussiens. Br. in-8°. **1 fr.**

MANGEOT. — Traité du fusil de chasse et des armes de précision, nouvelle édition. 1 vol. in-8° avec figures dans le texte. et planches . . . . **5 fr.**

MARNIER. — Souvenirs de guerre en temps de paix : 1793, 1806, 1823, 1862, récits historiques et anecdotiques extraits de ses Mémoires inédits. 1 vol. in-8°. . . . . **3 fr.**

MOSCHELL. — De l'effet du tir à la guerre et de ses causes perturbatrices. Br. in-8°. . . . . **1 fr.**

ODIARDI. — Des nouvelles armes à feu portatives adoptées ou à l'étude dans l'armée italienne. Br. in-8° avec planche. . **2 fr.**

ODIARDI. — Des balles explosibles et incendiaires. Br. in-8. avec planche . . . . **2 fr.**

PIRON. — Manuel théorique du mineur; nouvelle théorie des mines, précédée d'un exposé critique de la méthode en usage pour calculer la charge et les effets des fourneaux, et d'une étude sur la poudre de guerre. 1 vol. grand in-8° avec pl. **12 fr.**

PIRON. — Essai sur la défense des eaux et sur la construction des barrages. 1 vol. grand in-8° avec planches. . . . . **6 fr.**

PLOENNIES (DE). — Le fusil à aiguille, notes et observations critiques sur l'arme à feu se chargeant par la culasse, traduit de l'allemand par E. Heydt. Br. in-8° avec planche. . . . **3 fr.**

QUESTIONS de stratégie et d'organisation militaire relative aux événements de la guerre de Bohême, par un officier général (Jomini). Br. in-8°. . . . . **1 fr.**

SCHMIDT. — Le développement des armes à feu et autres engins de guerre, depuis l'invention de la poudre à tirer jusqu'aux temps modernes. 1 vol. in-8°, avec 107 planches. . . 10 fr.

SCHOTT. — Des forts détachés, traduit de l'allemand par Bacharach. Br. in-8° avec planche . . . . 2 fr.

SCHULTZE. — La nouvelle poudre à canon, dite poudre Schultze, et ses avantages sur la poudre à canon ordinaire et autres produits analogues. Traduit de l'allemand par W. Reymond. Brochure in-8°. . . . . 2 fr.

TACKELS. — Étude sur le pistolet au point de vue de l'armement des officiers. Br. in-8° avec figures . . . . 1 fr. 50

TACKELS. — Conférences sur le tir, et projets divers relatifs au nouvel armement. 1 vol. in-8° avec planches . . . 5 fr.

TACKELS. — Étude sur les armes à feu portatives, les projectiles et les armes se chargeant par la culasse. 1 vol. in-8° avec pl. 6 fr.

TACKELS. — Les fusils Chassepot et Albini, adoptés respectivement en France et en Belgique. Br. in-8° avec planches. 2 fr.

TACKELS. — Armes de guerre; Étude pratique sur les armes se chargeant par la culasse : les mitrailleuses et leurs munitions ; le canon Montigny-Eberhaerd ; le fusil Montigny ; les fusils Charrin, Remington, Jenks, Cochran, Howard, Peabody, Dreyse, Chassepot, Snider, Terssen, Albini ; les cartouches périphériques, etc., etc. 1 vol. in-8° avec planches. . . . . . . 8 fr.

TACKELS. — La carabine Tackels-Gerard, nouveau système de culasse mobile, dite a bloc, à percussion centrale pour armes de guerre. Br. in-8° . . . . 50 c.

TACKELS. — Le nouvel armement de la cavalerie depuis l'adoption de l'arme se chargeant par la culasse. 1 vol. in-8°, avec planches. 5 fr.

UNGER. — Histoire critique des exploits et vicissitudes de la cavalerie pendant les guerres de la Révolution et de l'Empire jusqu'à l'armistice du 4 juin 1813, d'après l'allemand. 2 volumes in-8° . . . . 12 fr.

VANDEVELDE. — La tactique appliquée au terrain. 1 vol. in-8° avec atlas . . . . 7 fr. 50

VANDEVELDE. — Manuel de reconnaissances, d'art et de sciences militaires, ou Aide-mémoire pour servir à l'officier en campagne. 1 vol. in-18 avec planches . . . . 5 fr.

VANDEVELDE. — Précis historique et critique de la campagne d'Italie en 1859. 1 vol. in-8° avec cartes et plans. . . 12 fr.

VANDEVELDE. — La guerre de 1866 en Allemagne et en Italie. 1 vol. in-8° avec cartes . . . . 6 fr.

VANDEVELDE. — Commentaire sur la tactique à propos du *Mémoire militaire* par le prince Frédéric-Charles de Prusse. Br. in-8°. . . . . 2 fr.

VARNHAGEN VON ENSE. — Vie de Seydlitz, traduit de l'allemand par Savin de Larclause. 1 vol. in-8° avec portrait et plans. 5 fr

VERTRAY. — Album de l'expédition française en Italie en 1849, contenant 14 dessins, 4 cartes topographiques indiquant les opérations militaires, avec un texte explicatif. 1 vol. grand in-folio. 10 fr.

WAUWERMANS. — Mines militaires. Études sur la science du mineur et les effets dynamiques de la poudre (application de la thermodynamique). 1 vol. in-8° avec planches . . . 7 fr. 50

WAUWERMANS. — Applications nouvelles de la science et de l'industrie à l'art de la guerre. — Télégraphie militaire. — Aérostation. — Éclairage de guerre. -- Inflammation des mines. 1 vol. in-8° avec figures. . . . . 4 fr.

NOUVELLES PUBLICATIONS

BAYLE. — L'électricité appliquée à l'art de la guerre. Br. grand in-8° avec planches. . . . . 3 fr.

BODY. — Aide-Mémoire portatif de campagne pour l'emploi des chemins de fer en temps de guerre, d'après les derniers événements et les documents les plus récents. 1 vol. in-18 avec planches . . . . 4 fr.

FIX. — Guide de l'officier et du sous-officier aux avant-postes, d'après les meilleurs auteurs. 1 vol. in-18 . . . . . 2 fr 50

ODIARDI. — Les armes à feu portatives rayées de petit calibre. 1 vol. in-8° avec planches . . . . 3 fr.

PEIN. — Lettres familières sur l'Algérie; un petit royaume arabe. 1 vol. in-12. . . . . 3 fr.

POULAIN. — Lettres sur l'artillerie moderne, canon de 7 et gargousse obturatrice, le bronze et l'acier, mitrailleuse française. Br. in-8° . . . . 1 fr.

SUZANNE. — Des causes de nos désastres; la proscription des armes et le monopole de l'artillerie. Br. grand in-8 . . 2 fr.

Paris, Imp. H. Carion, rue Bonaparte 64.

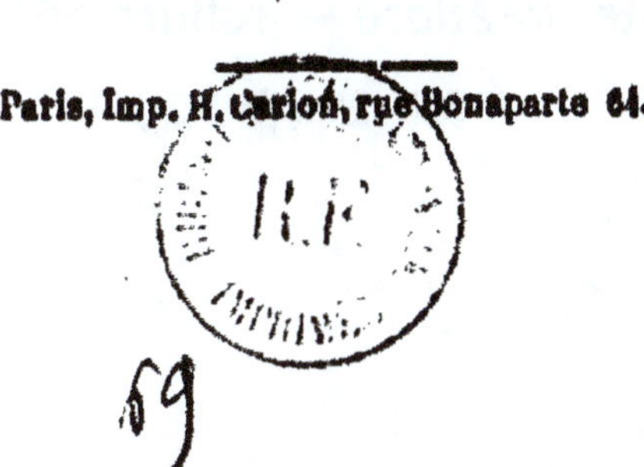

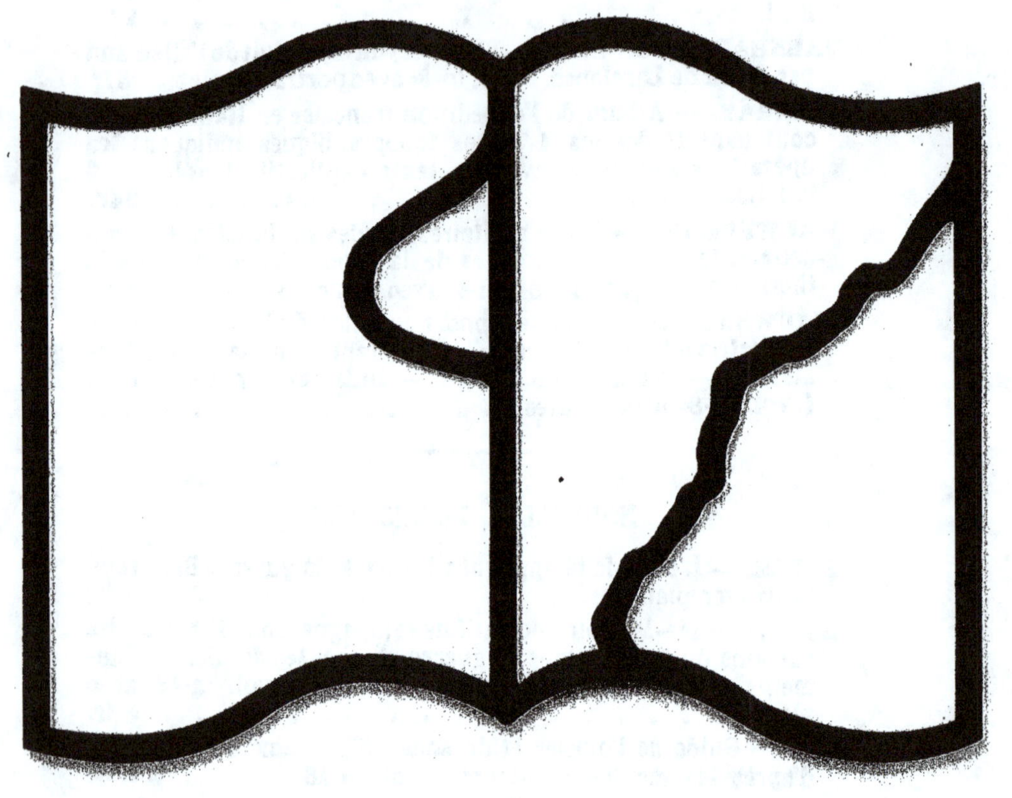

Texte détérioré — reliure défectueuse

NF Z 43-120-11